Elke Heidenreich

FRAU DR. MOORMANN & ICH

Elke Heidenreich

FRAU DR. MOORMANN & ICH

Mit Bildern von
Michael Sowa

Hanser

Der Abdruck des Notensatzes aus *»Die Moldau«* von Bedřich Smetana erfolgte mit freundlicher Genehmigung des © Musikverlag Andrea Wiegand.

HANSER hey! Schau vorbei und teile dein Leseglück auf Instagram

1. Auflage 2023

ISBN 978-3-446-27595-9

Umschlagillustrationen: Michael Sowa
Satz: Satz für Satz, Wangen im Allgäu
Druck und Bindung: Friedrich Pustet, Regensburg
Printed in Germany

FSC www.fsc.org MIX Papier | Fördert gute Waldnutzung FSC® C014889

INHALT

BÄREN

Ich hab lange überlegt, ob ich euch von Frau Dr. Moormann und mir überhaupt erzählen soll. Vielleicht interessiert euch das gar nicht? Aber da hat sich so viel angesammelt, ich muss es einfach mal erzählen, also habt ein bisschen Geduld, bitte.

Frau Dr. Moormann ist meine Nachbarin, und wir haben wirklich ein paar Probleme miteinander. Ich verstehe sie einfach nicht, und ich glaube, sie kann mich überhaupt nicht leiden. Sie hat meistens schlechte Laune und sieht um den Mund herum aus wie jemand, der immer Zitronen essen muss, und wenn sie mich sieht, ruft sie:

»Frau Heidenreich, der Vorplatz bei den Mülltonnen müsste aber wieder mal gefegt werden!«, oder *»Ihr Kater liegt immer auf meinem Auto, das hinterlässt Spuren, und ich habe was gegen Spuren auf meinem Auto, können Sie das verstehen?«* Und wenn ich dann wahrheitsgemäß sage: *»Nein!«*, dann verbittet sie sich diesen Ton.

Neulich fragte sie mich: *»Sagen Sie mal, was sitzen da eigentlich für dunkle Gestalten auf Ihrem Fensterbrett?«* Und als ich sagte, dass das meine Teddybären sind (ich habe vier!), fragte sie: *»Sind Sie nicht schon ein bisschen zu alt für Teddybären?«*

Was soll man darauf antworten? Dass man nie zu alt ist für Teddybären? Das stimmt ja auch wieder nicht – darauf komme ich später. Und vier, das hat sich eben so ergeben, darauf komme ich auch noch. Da seht ihr es, ich weiß nicht mal, wo und wie ich anfangen soll mit dieser Geschichte von Frau Dr. Moormann und mir. Ich fange einfach mal an. Also: Frau Dr. Moormann mag nichts und niemanden, ich wette, die mag nicht mal sich selbst. Solche Menschen mögen auch keine Bären. Ihr kennt ja sicher das bekannte altdeutsche Sprichwort:

»Manche Leute woll'n sich immer nur beschweren.
Solche Leute lieben dann auch keine Bären.«

Jedes Kind hat doch einen Teddybär, zerzaust und abgegriffen, ein Ohr fehlt meist oder ein Auge, und überall werden solche Bären mit hingeschleppt, und sie heißen Bärli oder Purzel oder Petzi. Aber wenn man dann älter wird, verschwinden die Bären im Schrank, und man schämt sich ihrer. Es gibt also durchaus eine Zeit, in der man für Teddybären zu alt ist, da hat Frau Dr. Moormann schon recht. Aber über diese Zeit bin ich längst hinaus. Denn wenn man *noch* älter wird (ich weiß, wovon ich spreche!), dann holt man sie plötzlich wieder hervor, setzt sie aufs Sofa und ruft: *»Nein, was bist du doch süß! Wie konnte ich dich bloß so lange im Schrank verstecken!«*

Und dann sitzen sie eben auf der Fensterbank oder auf dem burgunderroten Sofa. (Ist euch burgunderrot ein Begriff? Es kommt von einem bestimmten Rotwein – man könnte aber auch einfach sagen: himbeermarmeladenrot.)

Fritz sitzt immer nur auf dem himbeermarmeladenroten Sofa. Er will allein sein, das spüre ich. Fritz war mein erster Bär, ich muss etwa sechs Jahre alt gewesen sein, als er in mein Leben trat.

(Ist es nicht komisch, dass Erwachsene auch mal Kinder waren? Als ich ein Kind war, habe ich mir das nie vorstellen können. Heute staune ich darüber, dass ich überhaupt mal sechs Jahre alt war, so sieht's aus. Und wenn ich ein sechsjähriges Kind sehe, so rosig und hübsch, mit leuchtenden Augen und zarten Händen, und vorn fehlen immer ein oder zwei Zähne – was in dem Alter noch toll aussieht, in meinem aber schon nicht mehr –, dann kann ich mir nie vorstellen, dass aus dieser sechsjährigen Viola oder diesem sechsjährigen Lukas mal eine sechzigjährige Viola oder ein siebzigjähriger Lukas wird. Wenn ihr mich fragt: Frau Dr. Moormann war nie sechs Jahre alt, die war immer schon dreiundsechzig.)

Ich war damals gerade eingeschult worden und lernte lesen und schreiben, und zum Schulanfang war plötzlich Fritz da. Und er ist immer noch da. Er ist keine Schönheit: Sein Fell geht so ins Schmutziggelbe, und die Augen sind viel zu klein, braune Glasaugen, da wurde eindeutig gespart.

Das war damals die sogenannte Nachkriegszeit, man hatte für nichts Geld, und so ein Bär, der durfte nicht viel kosten. Fritz ist nicht weich und puschelig, sein Fell ist kurz, sein Leib ist hart, da ist Holzwolle drin, glaube ich, aber sein Charakter ist einmalig. Fritz war immer der Bär, zu dem ich sagen konnte: *»Fritz, bitte mach, dass es morgen regnet und der blöde Turnunterricht ausfällt!«* Und was soll ich euch sagen? Am nächsten Tag regnete es, und der blöde Turnunterricht fiel aus – na ja, nicht immer, aber meistens hat es geklappt. Wir hatten damals keine Turnhalle, geturnt wurde im Schulhof, wo man sich die Knie aufhaute, wenn man hinfiel. In meinem rechten Knie sieht man unter der Haut heute noch ein kleines Steinchen, das ist von damals. Sollten wir uns je treffen, sprecht mich ruhig drauf an, ich kann es euch zeigen.

Auf Fritz ist also Verlass, der ist einfach so ein treuer Typ. Jetzt ist er schon alt und schläft viel, ich störe ihn dann nicht, denn schlafende Bären soll man nie wecken. Das sagt ja schon ein uraltes Schwarzwälder Sprichwort:

»Schläft ein Bär, dann lass ihn schlafen,
denn sonst setzt es schlimme Strafen.«

Natürlich hat auch Fritz ein paar Jahre im Schrank verbracht. Ich bitte euch, wenn man siebzehn, achtzehn ist und total verliebt, dann setzt man sich doch keinen Bär aufs Sofa! Auf diesem Sofa, da küsst man sich mit – mit –, nein, ich muss da jetzt keine Namen nennen, aber jedenfalls sind das keine Bärenjahre. Das werdet ihr schon noch selber merken.

Ja, und dann studiert man, reist in der Welt herum, und da zerrt man auch keine Bären hinter sich her. Aber dann, wenn man endlich eine schöne eigene Wohnung hat und das Leben ist ein bisschen besser geordnet, dann fällt einem plötzlich ein: *»Wo ist denn eigentlich der Fritz geblieben?«* Und dann sucht man in den Schränken im Keller und auf dem Speicher im Haus der Eltern, bis man ihn findet. Gerade fällt mir ein, dass der Mann von Frau Dr. Moormann auch Fritz hieß. Ich habe ihn nicht gekannt, er ist schon lange tot. Aber auf dem polierten Messingschild an ihrer Tür steht immer noch:

DR. FRITZ MOORMANN

Wahrscheinlich ist Frau Dr. Moormann gar nicht selbst Doktor, Doktor war bloß ihr Mann, aber sie lässt sich von allen Frau Doktor nennen. Na, soll sie.

Fritz kriegte jedenfalls eines Tages einen schönen Platz auf dem burgunderroten (himbeermarmeladefarbenen!) Sofa, und da saß er nun, und ich guckte ihn an, und er guckte mich an. Und irgendwie wurde ich das Gefühl nicht los, dass er Unfug trieb, wenn ich nicht da war oder nachts schlief. Zum Beispiel der Klavierdeckel – ich weiß, dass ich ihn zugemacht habe, ich bin ganz sicher. Ich hatte dieses Stück von Robert Schumann geübt, das ich einfach nie richtig fehlerfrei spiele. Es hat einen ulkigen Titel, es heißt: *»Der Dichter spricht«*, und mir gefällt es gut, der Dichter spricht sozusagen schön, aber es ist eben nicht ganz einfach. Dabei ist die Tonart G-Dur, das hat nur ein Kreuzchen, ein *Fis*, müsste ich also doch eigentlich hinkriegen, krieg ich aber irgendwie nicht.

Frau Dr. Moormann hat schon mal zu mir gesagt: *»Warum spielen Sie eigentlich immer dasselbe Stück, Frau Heidenreich, gibt es keine anderen?«* Und nach dem Üben hatte ich, das mache ich immer so, den Klavierdeckel wütend zugeknallt.

Aber als ich vom Einkaufen zurückkam, stand er offen – und Fritz saß da und hatte so einen komischen Gesichtsaus-

druck. Ob er in meiner Abwesenheit Klavier gespielt hatte? Das gibt's doch nicht, dachte ich, Bären können doch nicht Klavier spielen …! Aber was weiß man schon? Ich hätte ja Frau Dr. Moormann fragen können, ob jemand Klavier gespielt hatte, während ich weg war. Aber ich mag sie nichts fragen, und schon gar nicht so was. Denn wie soll ich Frau Dr. Moormann erklären, dass bei uns im leeren Haus jemand Klavier spielt und dass das vielleicht Fritz der Bär ist – nein, nein, auf keinen Fall.

Oder diese Leberwurst! Ich lasse doch keine Leberwurst offen auf dem Küchentisch liegen! Wenn ich mir ein Leberwurstbrot gemacht habe, also bitte, dann lege ich danach die Wurst zurück in den Kühlschrank. Ich hatte mir ein Leberwurstbrot gemacht, neulich. Ich hatte es gegessen, dabei fern-

gesehen, war spät am Abend noch mal in die Küche gegangen – und da lag die Leberwurst, mitten auf dem Tisch. Und sie war meiner Meinung nach auch etwas kleiner geworden! Und Fritz saß da, als wäre gar nichts geschehen. Aber wer soll es denn sonst gewesen sein? Lauter solche Sachen passieren, und ich bin ganz sicher, dass Bären ihr eigenes Leben haben und Dinge treiben, von denen wir keine Ahnung haben. Ein altes bayrisches Sprichwort sagt das ja schon:

»Wos treibt der Bär?
Dös is schwer.«

Oder so ähnlich, ich kann kein Bayrisch.

Eines Tages habe ich Karl geschenkt bekommen. Karl ist eine Schönheit – ein schwarzer Bär mit blauen Augen, ich wusste gar nicht, dass es so was gibt! Ich kenne nur Bären in Braun, Beige, Gelb, allenfalls noch Weiß. Aber kohlschwarz und mit blauen Augen? Tolle Sache. Er heißt Karl, weil mein Vater auch Karl hieß und so blaue Augen hatte, und bei meinem Vater wusste ich auch nie genau, woran ich war. Bei Karl hatte ich von Anfang an das Gefühl, dass der macht, was er will.

Karl sitzt immer auf der Fensterbank, aber manchmal ist er zum Beispiel plötzlich einfach nicht mehr da, obwohl ich ihn doch eben noch neben Bruno hatte sitzen sehen! (Zu Bruno kommen wir noch.) Und jetzt gucke ich hin, und er ist weg! Das gibt's doch nicht! Ich gehe in die Küche, hole mir vorsichtshalber auf den Schreck noch ein Glas Rotwein (das ist dieser burgunderfarbene, wie das Sofa, ihr wisst Bescheid), und ich komme zurück, und da sitzt er wieder. Solche Sachen passieren mir mit Karl öfter. Aber wo ist er, wenn er nicht da ist? Das weiß nur er selbst, aber er sagt ja nichts. Er hat etwas Geheimnisvolles und auch etwas Verwegenes. Ich weiß nie genau, was er so denkt – bei Fritz weiß ich das immer. Fast immer. Ganz kann man natürlich nie in die Bärenseele hineinschauen, das sagt ja schon dieses alte mecklenburgische Sprichwort:

»Die Bärenseele, die ist tief versteckt,
es ist ganz selten, dass man sie entdeckt.«

Fritz und Karl kommen ganz gut miteinander aus, aber seit auch noch Bruno da ist, gibt es manchmal Ärger. Deshalb sitzt Bruno vorsichtshalber nur neben Karl auf der Fensterbank und nie neben Fritz auf dem himbeermarme... na, ihr wisst schon.

Bruno ist ein Kerl von einem Bär, ich sage euch! Groß! Braun! Zottelig! Diese Nase! Diese Pfoten! Diese Augen! Manchmal stehe ich morgens auf, und *Hokuspokus,* alles ist aufgeräumt, die Schuhe sind geputzt, die Blumen gegossen, die Wäsche ist von der Leine genommen und sauber gefaltet, und dann denke ich: Das war ich doch nicht? Ich war doch gestern Abend viel zu müde? Wer war das? Bruno? Und gucke ihn an. Und er sagt nichts.

Bruno stammt aus der Schweiz, aus einem Antiquitätengeschäft in Lugano. Ein freundlicher alter Herr, der mir zuzwinkerte, nahm den Bär aus dem Fenster und sagte: *»Das ist unser Bruno.«*

Da, wo er gesessen hatte, war jetzt auf dem blauen Samt ein freier Fleck, und die Porzellankanne daneben sah ganz unglücklich aus. Bruno war von Anfang an eine Persönlichkeit, eben ein Schweizer. Nichts bringt ihn aus der Ruhe, aber alles

muss seine Ordnung haben. Als Frau Dr. Moormann mich neulich fragte: *»Sagen Sie, hat da gestern Abend bei Ihnen jemand gejodelt?«*, da dachte ich: Donnerwetter! Bruno jodelt! Ich traue es ihm jedenfalls ohne Weiteres zu. Ein altes Schweizer Sprichwort sagt es ja schon:

»Wer nicht will, dass Bären dumme Dinge treiben,
muss am Abend immer schön zu Hause bleiben!«

Ich möchte wirklich wissen, was diese Bären treiben in den Nächten. Aber wenn man sich auf die Lauer legt, kriegt man es nicht mit. Man sieht nur an kleinen Blättchen auf dem Teppich, fühlt an einem kalten Hauch im Wohnzimmer, riecht an etwas verbranntem Fell in der Luft, dass da etwas vorgefallen sein muss – aber was? Auch seltsame Geräusche klingen manchmal nachts an mein Ohr, und dann weiß ich im Halbschlaf nicht, ob ich da gerade eine leise Musik träume oder wirklich höre, und wenn ich mich zwinge, aufzuwachen und zu lauschen – dann ist nichts. Nur Stille. Und dass Frau Dr. Moormann nachts Musik macht, halte ich für ausgeschlossen, sie mag keine Musik, das sehe ich ja schon daran, wie sie über meinen Robert Schumann spricht.

KIMSHI

Vor einiger Zeit war ich in Korea. Das ist ziemlich weit weg, nebenan von China und Japan, man muss lange fliegen, das ist sehr anstrengend, muss aber manchmal sein, wenn man die Welt kennenlernen möchte. Jedenfalls, ich war in Korea und sah auf einem Markt einen wirklich hässlichen Bär. Er hatte krumme Beine und ein seltsam eingedelltes Gesicht, er tat mir leid, und ich kaufte ihn für wenig Geld. Er ist ganz weich, auch die Beine und Arme sind weich, die doch eigentlich fest sein sollten. Ich habe ihn Kimshi genannt, nach einem Essen, das den Koreanern furchtbar gut schmeckt: In viel Knoblauchsauce eingeweichte Kohlblätter – das ist Kimshi. Als ich Kimshi mit nach Hause brachte, rückten die anderen Bären richtig ein Stück weg, dabei heißt er doch nur so – er riecht natürlich nicht nach Knoblauch. Aber sie fürchteten sich vor ihm, er war ihnen zu fremd, und sie behandelten ihn nicht besonders freundlich, diese dummen Bären. Ich glaube, dass Kimshi oft ein bisschen einsam war und Heimweh hatte, und dann kochte er sich vielleicht in der Küche, wo er im Regal bei den Teetassen sitzt, ein heimatliches Gericht, jedenfalls roch es morgens manchmal nach Knoblauch – aber das konnte natürlich auch aus Frau Dr. Moormanns Küche kommen und zu uns herüberziehen, wenn sie lüftete.

Und ein bekanntes elsässisches Sprichwort sagt ja auch:

»Nirgendwo steht es geschrieben,
dass die Bären Knoblauch lieben.«

Ich kann leider kein Bild von Kimshi hier einfügen, weil er weinte, als ich ihn fotografieren wollte. Er weiß selbst, dass er ziemlich hässlich ist, und er bat mich: *»Bitte kein Foto!«* Das muss man respektieren, oder? Ich hab nur ein ganz kleines Bild von ihm und auch nur von hinten:

Ich finde Kimshi auf seine Art schön. Er ist eben nicht so perfekt, aber er ist weich und irgendwie niedlich, und ich versuche immer, ihn aufzumuntern. Manchmal, wenn ich Kimshi so im Vorübergehen einfach mal eben über seinen großen, weichen, etwas zerbeulten Kopf streichele, dann ist mir, als hörte ich ein leise gemurmeltes »*Kamsamnida!*«. Das ist Koreanisch und heißt »*Danke schön*«. Aber ich kann mir das natürlich auch alles nur einbilden, das ist immer mein Problem, dass ich nicht weiß, wo das wahre Leben aufhört und die Fantasie anfängt, oder sagen wir: wo ich aus der schönen Welt der Einbildungen heraustrete in die Welt der Tatsachen. Aber das ist jetzt vielleicht viel zu kompliziert, ich verstehe es ja selbst nicht, lassen wir das lieber. Ich neige manchmal zu so seltsamen Gedanken, und neulich noch sagte Frau Dr. Moormann zu mir: »*Also, Frau Heidenreich, ich habe da einen Artikel von Ihnen in der Zeitung gelesen, den habe ich überhaupt nicht verstanden. Er hat mir auch nicht gefallen.*«

Und ich sagte: »*Wie wollen Sie wissen, ob er Ihnen gefällt oder nicht, wenn Sie ihn nicht mal verstehen?*« Und sie sagte: »*Wenn in einer Zeitung etwas steht, das ich nicht verstehe, dann gefällt mir das nicht. So ist das.*« Und ich denke: Ist das so? Muss man alles verstehen? Muss man nicht. Was ich zum Beispiel überhaupt nicht verstehe, ist Folgendes:

Vor ein paar Tagen kommt mir Frau Dr. Moormann entgegen und hat Kimshi in der Hand, meinen sonderbaren Bär aus Korea. »*Was ist das?*«, fragt sie mich. »*Keine Ahnung*«, habe ich vorsichtshalber gesagt. *»Das ist eine Art Bär, oder?«* *»Es ist ein Bär«*, sagte sie. *»Als ich heute Morgen in meinen Garten ging, da saß der da am Zaun, mehr auf meiner Seite als auf Ihrer. Ich habe ihn hochgenommen, er war nass vom Tau, und nun weiß ich nicht, was ich mit ihm anfangen soll.«*

»Das weiß ich jetzt gerade auch nicht, und ich habe es auch eilig«, sagte ich und ging rasch weiter und verstand gar nichts mehr. Wie war Kimshi in den Garten gekommen? Und dann fiel mir ein: Ich hatte abends lange im Liegestuhl gelegen und gelesen, bis es dunkel wurde, und manchmal stopfe ich mir beim Lesen Kimshi in den Nacken wie ein Kissen, weil er so schön weich ist. Ob ich ihn dann draußen einfach vergessen hatte? Keine Ahnung. Und sollte ich ihn jetzt von Frau Dr. Moormann zurückverlangen?

Da hätte ich gleich was sagen sollen. Nun ging das nicht mehr. Sie hat ihn mir nicht zurückgegeben. Ich habe ja auch behauptet, dass ich ihn nicht kenne. Es tut mir ein bisschen leid um Kimshi, aber er hat es nebenan vielleicht besser als bei uns, wo Karl blöde Sprüche über ihn macht, etwa:

»Müsste ich auch Kimshi heißen,
würd ich in den Teppich beißen.«

Und seit diesem Vorfall ist Frau Dr. Moormann plötzlich nett. Oder sagen wir: netter. Manchmal jedenfalls. Sie ist dann freundlich, sie hat gute Laune, sie singt sogar ab und zu, sie

grüßt mich lächelnd, sie meckert nicht mehr. Und gestern habe ich sie abends durchs Fenster vorm Fernseher sitzen sehen, Kimshi auf dem Schoß, da wusste ich: Sie war auch ein bisschen einsam gewesen, nun aber geht es ihr gut. Denn jeder Mensch, wirklich jeder, sollte einen Bär in seiner Nähe haben, das sagt ja schon das uralte Wuppertaler Sprichwort:

»Bist du traurig? Geht's dir schlecht?
Dann kommt ein Bär dir grade recht.«

LISIANTHUS

Gestern wieder Frau Dr. Moormann: *»Das war aber laut neulich bei Ihnen!«*

Laut? Bei mir? Neulich? Wann? Was versteht sie unter laut?

Und dabei machte sie Mundwinkel, die so richtig nach unten ziehen, also im Grunde ein umgedrehtes Grinsen, ihr könnt das ja mal vorm Spiegel versuchen. So mürrisch zu gucken ist viel schwieriger, als zu lachen oder zu lächeln, das müsste vielleicht mal jemand der Frau Dr. Moormann sagen? Jedenfalls stand sie da, die Mundwinkel ganz unten, und wartete ab, was ich nun zum Thema *»zu laut«* zu sagen hätte.

»Aha.«

Mehr sagte ich erst mal nicht.

»Aha«, sagte sie. *»Was bedeutet nun ›Aha‹ genau?«*

»Aha«, sagte ich, *»bedeutet, dass ich mich zu erinnern versuche. Und jetzt weiß ich es wieder: Ich hatte vier Freundinnen zu Besuch, und wir haben Waffeln gebacken und gelacht, ja, das kann ein bisschen laut gewesen sein, aber es war doch nur am Nachmittag und sooo laut auch wieder nicht.«*

»Laut genug«, sagte Frau Dr. Moormann. *»Und am Nach-*

mittag halte ich gern ein kleines Schläfchen, das war ja nun an diesem Mittwoch nicht möglich.«

»War es Mittwoch?«, fragte ich, und sie nickte. *»Mittwoch.«*

»Es tut mir leid«, sagte ich, obwohl das gar nicht stimmte, nichts tut mir leid, aber damit komme ich ja bei ihr nicht durch. *»Es tut mir leid und ...«* Beinahe hätte ich gesagt: Es wird nicht wieder vorkommen, aber das stimmte nun gar nicht, denn wenn Leonie, Susi, Liesel und Maxi mich besuchen, das nächste Mal, dann werden wir wieder lachen, und dann wird es wieder laut.

Ihr werdet das von euren Freunden kennen. Wenn die da sind, wird es laut, oder? Außer, man hat gerade Kummer oder Geheimnisse, dann ist es ganz still, weil alle flüstern, und dann lauschen die Mütter manchmal an den Türen, weil sie wissen wollen, was da drinnen los ist.

Bei mir aber war nichts anderes los als gute Laune. Wir haben Waffeln gegessen, erzählt und gelacht. Ja, manchmal auch gekreischt, ich gebe es zu.

»Dienstags laut wäre besser«, sagte Frau Dr. Moormann. *»Mittwochs ist Markt, danach bin ich immer sehr erschöpft und muss dringend schlafen. Dienstag ist nichts, da würde es passen.«*

Was ist das bloß für eine Nachbarin, mit der man verhandeln muss, wann man lachen darf? *»Ist gut«*, sagte ich und ging weiter, denn ich hatte einen Termin beim Zahnarzt und war schon spät dran. Zahnarzt ist schlimm – und da fällt mir eine portugiesische Redensart ein, die sagt:

»Es ist so schön, dass ich es gern erwähne:
Die Teddybären haben keine Zähne!«

Ich fuhr also zum Zahnarzt, nicht gerade gut gelaunt, wer fährt schon vergnügt zum Zahnarzt, und dann noch nach so einem Gespräch. Und wieder mal nahm ich mir vor, mir von Frau Dr. Moormann nicht immer die Laune verderben zu lassen, und dachte: Vielleicht muss ich mit der eine ganz andere Nummer fahren. Vielleicht muss ich die einfach mit Freundlichkeit so einwickeln, bis sie nichts mehr zu meckern hat. Und auf dem Heimweg kaufte ich ein paar Blumen und klingelte bei ihr.

Umständlich nestelte sie innen an ihren vielen Schlössern und Riegeln herum – ihr müsst wissen, dass sie sehr misstrauisch ist, vielleicht auch ängstlich –, jedenfalls schließt sie sich immer sehr gründlich ein, und dann lugte sie durch die Tür, die Kette noch davor. Die nahm sie erst ab, als sie mich erkannte. Ich hielt ihr die Blumen hin.

»Was ist das?«, fragte sie.

»Nach was sieht es aus?«, sagte ich. *»Ich wollte mich entschuldigen, weil wir in der Tat sehr laut gekreischt haben, bitte, Blumen.«*

»Lisianthus«, sagte Frau Dr. Moormann. *»Wissenschaftlicher Name Eustona. Ein Enziangewächs.«*

»Aha«, sagte ich und gab ihr die Blumen. *»Ich fand sie schön. Bitte.«*

Sie nahm die Blumen und sah mich streng an. »*Wissen Sie, woher der Lisianthus kommt?*«

»*Aus dem Blumenladen an der Ecke Goldbergstraße, neben dem Metzger.*«

»*Aus Nordamerika*«, sagte Frau Dr. Moormann. »*Lisianthus wächst in trockenen Flussbetten in Nebraska, Colorado und Texas. Er wird dort auch Prärieenzian genannt, weil er oft leuchtend blau ist. Diese Sorte hier nennt man Excalibur white.*«

»*Excalibur*«, sagte ich. »*Das kenn ich, so ein Schwert, oder?*«

Frau Dr. Moormann sah mich an, als wäre ich eine Vollidiotin, und vielleicht war ich das ja auch.

»So ein Schwert, hm«, sagte sie. *»Es war das Schwert des Königs Artus. Auf der Insel Avalon geschmiedet. Er hat, sagt man, seinen eigenen Neffen damit getötet.«*

»Warum?«, fragte ich.

»Das«, sagte Frau Dr. Moormann, *»wäre jetzt eine zu lange Geschichte, und ich möchte nun die Blumen lieber ins Wasser stellen. Ich danke Ihnen. Ich freue mich.«*

Sie sah zwar nicht aus wie ein Mensch, der sich freut, aber immerhin hatte sie so was Nettes noch nie zu mir gesagt, und mir war fast, als hätte sie gelächelt. Sie schloss die Tür wieder, klack, klack gingen alle Riegel und Schlüssel, und dann war es still, und ich stellte mir vor, wie sie nun dasaß und auf die Blumen schaute, deren Namen ich schon wieder vergessen hatte. Lisbeth? Anton? Lisbeth-Anton? Irgend so was, und ich fand sehr erstaunlich, dass sie das wusste. Egal, sie hatte sich gefreut. Jetzt würde eine Weile Frieden herrschen.

Nicht lange, denn dann kam Gustav.

GUSTAV

Ich lebe nicht so ganz allein, das hatte ich, glaube ich, noch nicht erzählt. Ich lebe mit meinem Freund zusammen, der ist aber Dirigent und darum oft unterwegs zu Proben oder Konzerten, und dann fahre ich zwar manchmal mit, aber meistens bin ich eben doch allein.

Wenn ich allein bin, langweile ich mich nicht. Ich lese und schreibe Kritiken über Bücher für verschiedene Zeitungen, ich bügele seine Hemden (ein Dirigent braucht unglaublich viele weiße Hemden), oder ich backe Waffeln mit meinen Freundinnen. Neuerdings, wie ihr euch denken könnt, meist dienstags. Aber ich komm zu wenig raus, und darum haben mein Freund und ich beschlossen, einen Hund anzuschaffen. Das war, nachdem der alte Kater im Schlaf friedlich gestorben ist und im Garten begraben wurde. Sein Körbchen, seine Deckchen, das war ja alles noch da und könnte auch gut einen Hund glücklich machen, dachten wir. Es sollte kein zu großer Hund sein.

Habt ihr einen Hund? Dann wisst ihr, was oft verschwiegen wird: Die großen Hunde sind oft ein bisschen dämlich, sie ziehen zu stark an der Leine, und wenn sie vom Regen nass sind und sich dann in der Wohnung schütteln, muss man renovieren.

Aber so ein kleines Häppchen, das quiekt, wenn man aus Versehen drauftritt, und das lächerlich aussieht im roten Mäntelchen, wenn es regnet, so etwas sollte es auch nicht sein. Wir dachten an mittelgroß, freundlich, klug – und da gibt es dann im Grunde nur eins: einen Mops. Kennt ihr das hessische Mopssprichwort? Es lautet:

»Der Mops ist prächtig, schau nur hin!
Ein Mops gibt deinem Leben Sinn.«

Wir fanden einen Züchter, der sich seit Jahrzehnten darum bemüht, Möpsen wieder eine kleine Nase anzuzüchten, damit sie besser Luft kriegen als die mit den total platten Nasen, das war keine gute Idee. Unser Mops also hat eine Nase, und wir überlegten, wie er heißen soll. Mein Freund heißt Damian, das ist ein sehr seltsamer Name, aber glaubt mir, Dirigenten sind auch sehr seltsame Menschen. Ich meine, was erwartet man, wenn einer immer nur Noten liest und mit einem Stock in der Luft herumfuchtelt, damit achtzig Menschen an achtzig Instrumenten tun, was er will? Das ist noch verrückter, als im Zirkus einem Elefanten beizubringen, mit einem Bein auf einer Konservendose zu stehen, oder einem Löwen, nicht zuzubeißen, wenn man ihm den Kopf in den Rachen legt. Wobei der Elefant und der Löwe keine Chance haben, die werden so dressiert und gezwungen. In einen Zirkus, der so was Tieren antut, gehe ich jedenfalls nicht und rate euch auch dringend ab, euch das anzusehen.

Aber so ein Musiker, dessen Beruf ist es ja, ein Stück spielen zu lernen und dann zum Dirigenten hinzuschielen, wie der es denn nun gern haben möchte – hier etwas schneller, da etwas leiser, es klingt ja nie gleich. Und Damian ist immer stolz, wenn ihm jemand sagt: *»Ich höre mit geschlossenen Augen, dass Sie es sind, wenn ›Die Moldau‹ so erklingt, das macht keiner so wie Sie!«*

Das führt uns im Grunde jetzt von dem ab, was ich erzählen will, aber vielleicht kommen wir in einer anderen Geschichte noch mal drauf zurück. Die Moldau ist übrigens ein Fluss, über den gibt es ein Musikstück von einem Komponisten namens Smetana, und das dirigiert Damian besonders gern und besonders gut.

Also, wie nennt man einen Mops? Es ist wichtig, dass der Name zwei Silben hat, das kann man besser rufen. Meine Freundin Ingrid hat einen Hund, der heißt Kurt. Das geht gar nicht. Da steht sie im Park und schreit: *»Ku-hurt!«*, ja, dann soll sie ihn doch gleich Kuhurt nennen, oder?

Eine einzelne Silbe lässt sich einfach nicht rufen – Hans, Karl, Fritz – bei Bären geht das, bei Möpsen nicht. Es gibt dazu ein Sprichwort, das ich selbst erfunden habe:

»Alle Bären, die zu mir ins Leben kamen,
diese Bären haben alle kurze Namen.«

Otto? So hieß mein blödester Onkel, auf keinen Fall. *Wotan?* Das hört sich eher nach einem bissigen Rottweiler an. *Tristan?* Zu traurig, zu trist. *Alfred?* Welcher Hund möchte bitte Alfred heißen? *Kevin?* Geht's noch? *Purzel?* So heißen nur Dackel. *Hasso?* So heißen nur Schäferhunde. Er saß da, klein, niedlich, beige mit schwarzem Gesichtchen, mit seiner kleinen Nase, seinen unfassbar eleganten Schlappöhrchen, seinen Sorgenfalten und seinen kugelrunden Augen, und ich sagte: *Gustav.*

Gustav ist ein Name, der mir enorm gut gefällt. Er ist sehr altmodisch, aber heutzutage heißen die Kinder ja schon wieder so, und Gustaf heißt auch der König von Schweden, gut, mit f, aber immerhin: Gustaf! Außerdem kann man, solange Gustav noch klein ist, Gusti oder Gustel rufen, das klingt nett und hat auch zwei Silben, macht das mal mit Klein-Hasso – *Hassi?* Mit Wotan – *Woti?*

Gustav. Gustel. Gusti. Das passt. Mein Lieblingsbundespräsident war Gustav Heinemann, da wart ihr noch nicht geboren, aber glaubt mir, der war in Ordnung. Als man den mal fragte, ob er sein Vaterland liebe, sagte er: *»Nein, ich liebe meine Frau.«* Das ist eine Superantwort, oder? Merkt euch die!

Gustav. Am 10. März hat Gustav Namenstag, und soll ich euch was sagen? Mein Damian hat am 10. März Geburtstag!

Also, man kann es drehen, wie man will, da passt alles. Und da habe ich jetzt Gustav mit der Hupe aus »Emil und die Detektive« noch gar nicht erwähnt, ganz zu schweigen von Gustav Gans, dem Cousin von Donald Duck, der immer nur Glück hat.

Gustav also. Und als ich zum ersten Mal mit dem kleinen Gustav an der Leine aus dem Haus kam, um einen Spaziergang – wir nennen es: *ein Gänglein* – mit ihm zu machen, da begegnete mir Frau Dr. Moormann. Sie stellte ihre Einkaufstasche ab, zeigte auf den Mops und sagte: *»Was ist das denn?«*

Wonach sieht es aus, wollte ich sagen, oder: Das ist ein Sack Kartoffeln mit Ohren oder irgend so was, denn ich meine, was soll man auf so eine blöde Frage schon antworten? Man sieht ja, dass das ein Hund ist, man sieht sogar, dass das ein Mops ist, also verkniff ich mir alles (wir kennen ja Frau Dr. Moormann und ihren Sinn für Humor!) und sagte: *»Das ist Gustav.«*

Sie schaute ihn nachdenklich an und sagte dann:

»Der Name kommt aus dem Altnordischen und bedeutet: Stütze. Er setzt sich zusammen aus den Worten ›gote‹ und ›stafr‹.«

»Ach ja?«, sagte ich verdutzt und dachte: Gustav, meine Stütze auf dem Weg durchs Leben. Passt.

»Im Slawischen«, fuhr Frau Dr. Moormann fort, *»heißt Gustav Gostislav.«*

Und ich sagte: *»Guten Morgen, Frau Dr. Moormann, aber ich muss jetzt leider gehen, Gostislav muss Bächlein.«*

Und sie sah uns nach, nahm ihre Einkaufstasche wieder hoch und rief: *»Ich hoffe, er bellt nicht!«*

»Gusti«, sagte ich, *»das ist Frau Dr. Moormann. Pinkele nie an ihren Zaun, belle nie, wenn sie in der Nähe ist, belle vor allem nie mittwochnachmittags, da kommt sie vom Markt und hält ein Nickerchen, und sei mir eine Stütze.«*

Und Gustav wackelte mit seinem Ringelschwänzchen, hob das Bein und machte ein langes schönes Bächlein.

GARTEN

Ich mag ehrlich gesagt keine Gartenarbeit. Natürlich finde ich es wunderschön, wenn alles grünt und blüht, aber in den Beeten herumzukratzen, den Rasen zu mähen, das Laub zusammenzuharken, das macht mir alles gar keinen Spaß, und wie man Büsche und Bäume richtig schneidet, das weiß ich auch nicht so recht. Ab und zu kommt ein freundlicher Gärtner und hilft und erklärt mir ein bisschen, aber sonst ziehe ich alte Klamotten und hässliche Gummischuhe an und gehe selbst missmutig in den Garten, stehe da rum, versuche, irgendwas Sinnvolles zu tun, und seufze. Gustav tobt dann vergnügt um mich rum und beißt in meine Gummischuhe.

Ganz anders Frau Dr. Moormann. Sie liebt ihren Garten, sie pflegt ihren Garten, sie scheint für ihren Garten zu leben. Vor allem für den Rasen. Ihr solltet mal diesen Rasen sehen! Wie bei der englischen Königsfamilie, so ein Rasen. Alle Halme gleich lang und gleich grün, man denkt, das wäre ein Teppich. Ich glaube, ein schottisches Sprichwort sagt:

»Willst du Eins-a-Rasen sehen,
musst du säen, düngen, mähen.«

Frau Dr. Moormann hat bei der Gartenarbeit einen grünen Overall an, so einen Ganzkörperanzug, bei dem ich mir immer überlege, wie viel davon man ausziehen muss, um Pipi zu machen? (Wobei ich mir andererseits überhaupt nicht vorstellen kann, dass auch eine Frau Dr. Moormann mal Pipi machen muss!) Sie trägt einen Strohhut, grüne Gartenhandschuhe, und um den Bauch hat sie einen breiten Ledergurt geschnallt, in dem stecken Geräte: Gartenschere, kleine Harke, Schäufelchen. Es sieht aus – na ja, ehrlich gesagt: eine Mischung aus bewunderungswürdig fachkundig und irgendwie idiotisch übertrieben.

So schreitet sie an den Beeten entlang und rupft und zupft und sät und schneidet und harkt und gräbt und was nicht sonst noch alles, und zweimal die Woche mäht sie ihren Rasen mit einer alten, lauten Maschine, und dann steht Gustav am Zaun und bellt.

Bei Sonne setze ich manchmal die Bären nach draußen, damit sie ihre alten Pelze lüften, und da fällt mir das schwedische Sprichwort ein:

»Ein Bärenpelz in Frühlingssonne
Ist stets für Bären große Wonne.«

Ich hocke also im Beet und steche den Giersch raus, ein besonders bösartiges Unkraut, das man unbedingt mit der Wurzel erwischen muss, hat mir mein Gärtner erklärt. Frau Dr. Moormann mäht, Gustav bellt. Sie stellt den Rasenmäher ab und geht zum Zaun.

»*Warum bellst du?*«, fragt sie, und Gustav schweigt verblüfft. Was soll er auch sagen. Und jetzt ist der Rasenmäher ja auch abgestellt, da gibt's nichts mehr zu bellen.

»*Na also*«, sagt Frau Dr. Moormann, stellt den Rasenmäher wieder an, mäht weiter. Gustav bellt.

Sie schaltet ab, geht wieder zum Zaun.

»Es ist mein Rasen«, sagt sie, *»und der soll nicht aussehen wie euer Rasen, mein Rasen, der wird gemäht, bis er aussieht wie ein englischer Parkrasen. Und du musst das nicht kommentieren, Gostislav.«*

Gustav ist völlig verdutzt, kommt rasch zu mir und macht ein Verlegenheitsbächlein.

»Was gefällt Ihnen an unserm Rasen nicht, Frau Dr. Moormann?«, frage ich und richte mich stöhnend auf, mein Kreuz tut mir weh.

»Löwenzahn«, sagt sie. *»Taraxacum. Sieht ja ganz nett aus, wenn sie gelb blüht, aber wenn sie verblüht, verteilen sich die mit einem Pappus ausgestatteten Achänen mit dem Wind durch die Luft, landen unter anderem auf meinem englischen Rasen, und ich möchte das nicht.«*

Ich verstehe erst mal gar nichts. Sie sieht mich an. *»Pusteblumen«, sagt sie. »Sie nennen das Pusteblumen. Ich möchte das nicht.«*

»Pusteblumen«, sage ich, *»sind doch sehr schön! Wenn man alle Beinchen mit einem Mal Blasen weggekriegt hat, ist das ein gutes Zeichen. Für die Liebe oder so. Wie Gänseblümchen zupfen. Er liebt mich, er liebt mich nicht …«*

Und ich zitiere ihr das alte Bonner Sprichwort (es kann auch aus Bad Godesberg stammen):

»Soll dir das Schicksal etwas sagen,
musst du die Pusteblume fragen.«

Frau Dr. Moormann sieht mich an, als wäre ich schwachsinnig, und sie seufzt tief.

»Erstens«, sagt sie. *»Das Schicksal spricht nicht. Das Schicksal ereignet sich. Zweitens, Beinchen. Ich sagte es schon: Pappus. Samen. Das fliegt, das sät sich aus, ich möchte das nicht. Drittens, Zeichen: Wozu brauchen Sie Zeichen, ob jemand Sie liebt oder nicht, merken Sie das nicht auch so? Können Sie nicht fragen? Was soll dieser Kinderunsinn?«*

»Ein bisschen Kinderunsinn kann man sich im Leben ruhig bewahren«, sage ich trotzig. *»Ich zähle auch manchmal Schritte, und wenn die Zahl der Schritte bis zum Briefkasten gerade ist, wird alles gut, sonst nicht.«*

»Denken Sie auch, an einem Freitag, dem 13., geht alles schief, wenn ein Schornsteinfeger kommt, bringt das Glück, und eine schwarze Katze übern Weg von links nach rechts bedeutet Unheil?«, fragt Frau Dr. Moormann. Ich nicke, will etwas sagen, und sie dreht sich weg. *»Alles Aberglaube. Falsche Einsicht in die Natürlichkeit von Gegebenheiten. Das ist alles großer Unfug. Die Wissenschaft kann das beweisen.«*

Und sie stellt ihren Rasenmäher wieder an, ich stehe dumm da, Gustav bellt.

»Nein«, rufe ich, *»dass Sie den Mops fragen, warum er bellt, wo er doch gar nicht antworten kann, das ist großer Unfug.«*

Sie hört mich nicht, mäht grimmig weiter, und ich zupfe wütend am Giersch. Gustav bellt. Der Löwenzahn blüht, und ich warte, bis er verblüht. Bis es lauter Pusteblumen werden. Dann werde ich so oft pusten, bis mein Wunsch in Erfüllung geht: Frau Dr. Moormann muss hier wegziehen. Das kann doch nicht ewig so weitergehen!

TIERHEIM

Wenn ein Hund zum Beispiel im Park wegläuft und man will, dass er zurückkommt, dann ruft man: *»Hiiiiierheeer!«* Die meisten machen das jedenfalls so. Mir war das irgendwie immer zu blöd, dieses *»Hiiiiierheeer!«* zu schreien. Also habe ich zu Gustav gesagt: *»Wenn du nicht brav bist, Gustav, wenn du nicht folgst und nicht kommst, wenn ich dich rufe, dann musst du ins Tierheim, haben wir uns verstanden?«* Nicht, dass ich auch nur einen Augenblick je daran denken würde, meinen Gustav ins Tierheim abzuschieben – wenn ich ein Tier habe, dann habe ich das für immer. Aber als Drohung fand ich es ganz schön, und wenn Gustav jetzt wegläuft und sich mal wieder mit einem Rottweiler anlegen will, rufe ich immer laut: *»Tiiiiierheim!«*, und meistens kommt er dann zurück. Klingt ja auch fast wie *»hiiiiierheeer!«*, oder? Und ein Koblenzer Sprichwort sagt ja auch:

»Du willst, dass Möpschen zu dir rennt?
Dann rufe etwas, das er kennt!«

So war das auch gestern.

Gustav saust davon, einem Hundemädchen namens Lilly hinterher, in das er schon lange sehr verliebt ist, und ich rufe: *»Tiiiiierheim!«*

Plötzlich steht Frau Dr. Moormann neben mir, sogar sie hat an diesem schönen Tag mal einen Spaziergang durch den Park gemacht.

»Interessanter Name«, sagt sie, *»Tierheim. Ich kenne keinen anderen Hund, der Tierheim heißt.«*

Ich will gerade sagen: Sie wissen doch genau, dass er Gustav … Da seh ich: Sie grinst. Sie grinst! Das Zitronengesicht ist weg! Ich habe Frau Dr. Moormann noch nie grinsen sehen, und ich verstehe: Tief drin hat sie sogar Humor. Und als

Gustav angehoppelt kommt, bückt sie sich doch tatsächlich und sagt: »*Da bist du ja, Tierheim!*«, und streichelt ihn. Hat man dafür Worte?

DAS PAKET

Es klingelt, Gustav bellt wie verrückt, und als ich öffne, steht da Frau Dr. Moormann und hält weit von sich weg ein kleines Päckchen. Sie reicht es mir.

»Schnell«, sagt sie, *»nehmen Sie das.«*

»Was ist das?«, frage ich, nehme das Päckchen aus ihrer Hand, und sie entfernt sich sofort ein paar Schritte von meiner Haustür.

»Das«, sagt sie, *»ist ein kleines Päckchen, das ich netterweise für Sie angenommen habe, weil Sie nicht da waren, als es kam.«*

»Danke«, sage ich und denke: Warum läuft sie weg, warum macht sie wieder mal so ein Theater? Sie steht nun schon am Gartenzaun.

»Gucken Sie mal auf den Absender!«, ruft sie. Ich drehe das Päckchen um. Kein Absender.

»Da ist kein Absender«, sage ich.

»Eben!«, ruft sie. Und ich verstehe nichts. Vorsichtig kommt sie wieder ein paar Schritte näher, hält aber Abstand.

»Kein Absender«, sagt sie. *»Das kann eine Bombe sein, ein Gift, das kann explodieren …«*

»Warum sollte mir jemand eine Bombe schicken?«, frage ich. Und sie ruft: *»Weiß ich das? Jeder hat Feinde, die ihn hassen! Wer etwas ohne Absender verschickt, hat allen Grund dazu.«*

Ich sehe mir das Päckchen näher an. Die Handschrift ist doch die von Marta? Oder? Natürlich, das ist Martas Handschrift.

»Es ist von Marta«, sage ich erleichtert, erleichtert auch, um dieser unsäglichen Diskussion nun ein Ende machen zu können.

»Ich kenne keine Marta!«, ruft Frau Dr. Moormann aus sicherer Entfernung.

»Es ist meine Freundin Marta aus Wiesbaden«, sage ich.

»Woher wollen Sie das wissen«, sagt Frau Dr. Moormann. *»Es steht nicht drauf: ›von Marta aus Wiesbaden‹.«*

»Ich kenn doch Martas Schrift«, sage ich. Und sie erklärt streng: *»Schriften kann man nachahmen.«*

Jetzt wird es mir aber doch zu blöd.

»Warum«, sage ich leicht gereizt, *»sollte irgendwer die Schrift meiner Freundin Marta aus Wiesbaden nachahmen, nur um mir anonym eine Bombe zu schicken, Frau Dr. Moormann? Sehen Sie darin irgendeinen Sinn?«*

»Ich halte das durchaus für möglich«, sagt sie. *»Wenn Sie Feinde haben, dann werden diese Feinde auch auf raffinierte Ideen kommen, um Ihnen etwas anzutun.«*

»Ich habe aber nicht solche Feinde!«, schreie ich, und Gustav bellt wie verrückt.

»Jeder Mensch hat Feinde!«, schreit sie zurück. *»Zum Beispiel Leute, deren Hunde zu viel bellen, die haben sehr oft Feinde, und dann werden die Hunde vergiftet.«*

»Das wird ja immer schöner«, rufe ich. *»Jemand schickt mir also anonym mit verstellter Schrift Gift für meinen Hund?«*

»Ich sage nur«, ruft sie, *»dass alles möglich ist und dass man immer mit allem rechnen muss. Und noch etwas ...«*

Sie kommt wieder etwas näher.

»Bitte öffnen Sie dieses seltsame anonyme Päckchen nicht im Haus, ich will nicht, dass mir mein Eigenheim wegen Ihrer Feinde um die Ohren fliegt. Öffnen Sie es, wenn überhaupt, ganz hinten im Garten. Bitte. Oder gehen Sie zur Polizei und lassen es gezielt sprengen.«

Ist diese Frau noch normal? Ich beschließe, die Diskussion zu beenden.

»Danke, dass Sie es angenommen haben«, sage ich.

»In Zukunft«, sagt sie, *»schaue ich erst auf den Absender, und wenn da keiner ist, nehme ich es auch nicht mehr an.«*

Ich kann mir, als sie geht, endlich geht, nicht verkneifen, ihr nachzurufen:

»Jeder Mörder oder Attentäter kann irgendeinen Absender hintendrauf schreiben, etwa Doktor Alfred Witterschlick, Bad Gröbenzell.«

Sie bleibt stehen.

»Wie kommen Sie jetzt auf Bad Gröbenzell?«

»Meine Güte«, sage ich, *»oder Winsen an der Luhe.«*

»Sie haben aber Bad Gröbenzell gesagt«, beharrt sie.

»Ist mir nur gerade so eingefallen«, sage ich.

»Nach Bad Gröbenzell haben mein Mann und ich damals unsere Hochzeitsreise gemacht«, sagt Frau Dr. Moormann. Plötzlich sieht sie ganz lieb aus.

»Das wusste ich nicht«, sage ich. *»Es fiel mir nur gerade so ein.«*

»Niemandem fällt einfach nur so ausgerechnet Bad Gröbenzell ein«, sagt sie und geht endgültig in ihr Haus.

Diese Frau macht mich noch verrückt. Und ich stehe da mit dem Päckchen und starre drauf und denke tausend Sachen und bin völlig verwirrt. Ich rufe Marta an und frage. Ja, sagt sie, sie hätte mir ein kleines Päckchen geschickt – wie, kein Absender drauf? Ach, sie sei doch immer so schusselig, aber ich solle doch mal aufmachen – ob das nicht herrlich ist?

Es ist ein Kissenbezug mit einem gestickten Mops. Es ist herrlich. Es ist keine Bombe, es ist kein Gift, und doch kann ich mich erst mal nicht freuen, weil ich so erschöpft bin von der sinnlosen Diskussion mit Frau Dr. Moormann.

Abends beziehe ich ein Kissen damit und lege es in Gustavs Körbchen.

»Da, Schatzi«, sage ich. *»Für dich. Von Tante Marta.«*

Und als ich am nächsten Tag Frau Dr. Moormann sehe, sagt sie: *»Wie ich sehe, stehen die Häuser noch, und Sie leben. Es war wohl doch jene Marta aus Wiesbaden?«*

Und ich sage: »*Pah.*« Und gehe einfach weiter. Manchmal muss man auch mal unhöflich sein dürfen. Und ich denke:

»Treibt die Nachbarin es wieder gar zu bunt,
dann sag gar nichts mehr und geh mit deinem Hund.«

LAUBFEGEN

Es ist Herbst, der Weg vor den Häusern ist voll mit goldenem Laub. Es ist trocken und raschelt, und der Mops Gustav liebt es, darin herumzutoben. Aber falls es in den nächsten Tagen regnet, wird das alles nass und glitschig, und man muss unbedingt vorher mal fegen. Ich seufze und hole den dicken Besen und die Biotonne. Als ich nach draußen komme, sehe ich: Frau Dr. Moormann hatte dieselbe Idee und fegt bereits Laub.

»Ah«, sage ich, *»das ist gut. Ich wollte das auch schon machen.«*

»Nun mache ich es«, sagt sie missmutig.

»Dann mache ich es das nächste Mal«, sage ich.

»Das wäre angebracht«, sagt Frau Dr. Moormann: *»Denn das meiste Laub kommt von Ihrer Buche. Meine Bäume machen so was nicht.«*

»Was machen die nicht?«, frage ich irritiert.

»Dreck«, sagt sie. *»Meine Bäume machen nicht so viel Dreck. Die stehen nur da. Fest und immergrün. Das kommt alles von Ihnen.«*

»Frau Dr. Moormann«, sage ich, *»jetzt hören Sie mal. Es geht doch nicht um meine Bäume oder Ihre Bäume, es ist Herbst, im Herbst verlieren Bäume Blätter, das ist kein Dreck, das ist Natur, der Wind treibt sie herum, und vor wessen Haus sie liegen, der muss sie fegen. Oder?«*

»Sie liegen vor meinem Haus«, sagt sie. *»Aber sie kommen von Ihrem Baum.«*

»Ach«, werde ich nun langsam wütend, *»wollen Sie vielleicht, dass ich bei mir auch alle Bäume abhacke, so wie Sie es getan haben? Sie haben im letzten Jahr eine Mirabelle gefällt und die liebe alte Birke.«*

»Bäume sind nicht lieb«, sagt Frau Dr. Moormann. »Bäume sind morsch, wenn sie zu alt sind. Die Birke war morsch. Sie war alt und krank. Und die Mirabelle auch. Prunus domestica.«

»Nein«, widerspreche ich ihr, *»waren sie nicht. Die Mirabelle hat jeden Frühling weiß geblüht und hatte im Sommer wunderbare gelbe Früchte.«*

»Und die lagen dann als Matsch auf dem Weg«, sagt Frau Dr. Moormann. *»Ich möchte nicht durch Obstsalat gehen müssen.«*

Und dann hebt sie ein kleines rotes Blättchen auf und hält es mir unter die Nase. *»Da, sehen Sie«*, sagt sie. *»Das hier ist von meinem Baum dahinten. Dieses eine Blatt. Ein elliptisches Fiederblättchen vom Essigbaum, Rhus typhina. Alle anderen sind von Ihnen.«*

»Der Wind hat …«

»Ja ja«, sagt sie, *»jetzt ist wieder der Wind schuld.«*

Und sie fegt grimmig weiter.

Könnt ihr euch so was vorstellen? Sogar an den Blättern und am Wind gibt es für Frau Dr. Moormann etwas zu meckern. Und immer dann, wenn ich gerade denke: Ach, vielleicht ist sie ja doch nett, dann kommt wieder so was. Ich warte wirklich auf den Tag, wo sie am Zaun steht und den Mond anschreit, weil er nur halb ist. Dann werde ich ihr die Strophe aus dem Lied *»Der Mond ist aufgegangen«* vorsingen, wo es heißt:

»Seht ihr den Mond dort stehen?
Er ist nur halb zu sehen.
Und ist doch rund und schön.
So sind wohl manche Sachen,
die wir getrost belachen,
weil unsre Augen sie nicht sehn.«

Am Abend habe ich zum Himmel hochgesehen. *»Wind«*, habe ich gesagt, *»blase und puste, was du kannst. Und bitte alles nach nebenan. Jetzt erst recht. Schon als Rache für die Mirabelle und die Birke.«*

Neulich lag aber auf der Treppe vor meiner Tür ein kleines Päckchen mit Schleife. Es war von meiner unbegreiflichen Nachbarin Frau Dr. Moormann: ein Gläschen Mirabellenmarmelade mit einem Zettel:

»Sie mögen doch Mirabellenmarmelade. Frau Dr. Ilsemarie Moormann.«

Seitdem weiß ich also endlich, wie sie heißt: Ilsemarie. Das passt. Irgendwie.

Das Glas mit der Mirabellenmarmelade war übrigens sehr schnell leer, und ich habe da wirklich die Bären im Verdacht. Wie heißt es doch in Österreich so schön:

»Stell was Süßes vor ihn hin,
schon hat der Bär die Pfoten drin!«

SCHNEE

Plötzlich Ende November hatte es über Nacht geschneit, und Gustav tobte wie verrückt im Garten herum. Aber der Weg zum Haus und zum Briefkasten musste geräumt werden. Mein Haus und das von Frau Dr. Moormann liegen nebeneinander, sie haben einen gemeinsamen Weg nach vorn zur Straße, und ich dachte: Sie ist alt, sie wirkt klapprig, ich räum das mal eben. Damian hätte es ja auch machen können, aber immer, wenn er etwas machen soll, ist er gerade wahnsinnig beschäftigt oder hat genau dann eine unglaublich tolle musikalische Idee, die er sofort aufschreiben muss. Ich sage euch, das wäre schon wieder ein Buch für sich, wie sich manche Männer – nicht alle! Aber mein Damian – wie sich also mein Damian vor jeder Hausarbeit drückt. So, das nur nebenbei.

Ich nahm die dicke Schneeschaufel, schippte den Schnee zur Seite, Gustav wälzte sich lustig in den Schneebergen, und als gerade alles fertig und unser Weg bis vorne hin schon geräumt war, da kam Frau Dr. Moormann vom Einkaufen zurück. Sie blieb stehen, sah sich meine Arbeit an und lobte für

ihre Verhältnisse äußerst freundlich: *»Na ja, das musste ja wohl sein. Nun kann man hier sicher gehen.«*

Gustav blieb still, er hatte die ewige Frage *»Warum bellt das Tier?«* wohl endgültig mal satt.

Am Nachmittag fand ich einen Zettel von Frau Dr. Moormann in meinem Briefkasten, darauf stand:

»Werte Nachbarin, Sie haben freiwillig auch meinen Weg geräumt, das war sehr freundlich. Grundsätzlich aber sollten wir eine Regelung treffen, wer wann den Weg vom Schnee freiräumt. Ich schlage vor – wir haben ja nun Ende November, und Sie haben mit dem Räumen begonnen –, dass Sie von November bis

April Schnee räumen und ich von Mai bis Oktober. Mit freundlichen Grüßen, Frau Dr. Ilsemarie Moormann.«

Im ersten Moment dachte ich, ja, gut, sehr großräumige Einteilung, gleich ein halbes Jahr, warum nicht. Aber dann fiel mir auf – also, ich las das noch mal: November bis April? Fällt euch was auf? Klar, da liegt immer irgendwann Schnee, schon im November und oft noch im April. Aber dann – Mai? Juni? Juli? August? September? Goldener Oktober? Hallo?

Wieder mal hatte sie mich reingelegt, diese gerissene Person, und es hätte ein endloses Gezerre gegeben, das nun zu ändern.

Ich dichtete sofort ein neues Sprichwort, es lautet:

»Selten schneit es im August,
das hat die Nachbarin gewusst.«

»Liebe Frau Dr. Moormann«, schrieb ich, *»dann wollen wir mal das Wunder von Schnee im August erwarten. Hochachtungsvoll, Heidenreich.«*

Es schneite weiter, es schneite bis Ende März, und ich schaufelte zentnerweise Schnee von den Wegen, und am 10. April schneite es tatsächlich noch mal, aber da räumte ich nicht mehr, dieser Schnee blieb auch nicht lange liegen. Ich stand da, die Schaufel in der Hand, und dachte: *»Nein. Nicht noch mal«*, und Frau Dr. Moormann kam vom Damenturnen.

»Oh«, sagte sie, *»noch mal Schnee. Und wie ich sehe, hat*

Gostislav ihm schon seine gelben Muster aufgedrückt. Na, ab nächsten Monat bin ja dann ich dran, da haben Sie frei.«

Sie sah Gustav an, der vorsichtig mit dem Schwänzchen wedelte, weil er sie nie richtig einschätzen konnte, und sagte: *»Nun wird es Frühling. Nun wird dieses Tier aus unbekannten Gründen wieder bellen. Nun denn.«*

Sprach's, ging in ihr Haus, und Gustav bellte hinter ihr her. Und wenn ich gekonnt hätte, hätte ich auch so was von gern mal gebellt!

STILLE NACHT

Das Telefon klingelt. Es ist der Vormittag des 24. Dezember, Heiligabend. Mein Freund Damian spielt Klavier, er übt Weihnachtslieder. Er muss am Abend bei der Christmette einen erkrankten Organisten vertreten. Am Telefon ist Frau Dr. Moormann.

»*Moormann*«, sagt sie. »*Frau Dr. Moormann von nebenan.*«

»*Ich wünsche Ihnen frohe Weihnachten*«, sage ich, erstaunt darüber, dass sie anruft.

»*Wie lange soll es noch dauern?*«, fragt sie. Ich bin verblüfft.

»*Äh, Weihnachten*«, sage ich. »*Das Christkind kommt sozusagen am Abend, wenn es dunkel wird und man die Kerzen am Baum anmacht, und dann dauert Weihnachten noch zwei Tage, weil …*«

»*Wie lange soll das Gedudel noch dauern?*«, fragt sie.

Und ich sage: »*Welches Gedudel denn?*«

»*Stille Nacht*«, sagt sie. »*Am Weihnachtsbaume die Lichter brennen, O du fröhliche, Es kommt ein Schiff geladen …*«

»*Na ja*«, sage ich verwirrt, »*das sind alles schöne alte Weihnachtslieder, und dass man sie schon seit sechs Wochen im Super-*

markt dudelt, finde ich auch nicht richtig, aber …« Und plötzlich wird mir klar, was sie eigentlich meint, und da sagt sie es auch schon:

»Wie lange wird das Klavier noch bearbeitet?«, fragt sie. *»Tritt irgendwann Ruhe ein? Stille Nacht?«*

»Frau Dr. Moormann«, sage ich, *»Damian übt. Er muss das, weil wir eben die Nachricht bekommen haben, dass der Organist von Sankt Lukas krank ist. Er muss die Christmette spielen, und dazu muss er mal gründlich üben, denn man spielt ja nun nicht das ganze Jahr ›Macht hoch die Tür‹. Und Nacht ist auch nicht, die stille Nacht kommt dann sozusagen am Abend, wenn wir sowieso in der Messe sind.«*

»Zum Glück«, sagt Frau Dr. Moormann. *»Nun gut, das mag erklären, warum dieses Tor nun sozusagen um zwei Uhr nachmittags hochgemacht werden muss, wo eigentlich Mittagsruhe einzuhalten wäre. Na dann«*, sagt sie, diese unbegreifliche Nachbarin, und legt auf.

»Spiel mit Dämpfer«, bitte ich meinen Freund. *»Sie klagt.«*

»Ach, unsere Klagemauer«, sagt er, übt aber leiser und donnert wahrscheinlich deshalb am Abend in Sankt Lukas derart los mit der großen Orgel, dass die Kirche bebt, die Gläubigen erschüttert schweigen und sich nicht mehr trauen, *»Stille Nacht«* zu singen, weil sie denken, das Jüngste Gericht sei schon da.

Als wir nach Hause kommen, liegt ein kleines Päckchen auf der Matte, in Weihnachtspapier.

Es ist ein Kistchen Marzipankartoffeln mit einer Karte: *»Weihnachten gab es bei uns zu Hause immer Kartoffelsalat.«*

Mehr nicht. Aber ich erkenne ihre Schrift. Denkt Frau Dr. Moormann, ich mache jetzt aus den Marzipankartoffeln einen Kartoffelsalat mit Gürkchen und Mayonnaise, oder ist das vielleicht ihre Art zu sagen, *»Es tut mir leid«* und *»Frohe Weihnachten«*? Ich nehme es einfach mal an. Und ich denke an einen Spruch, den ich mal in Dinslaken gehört habe:

»Wenn Nachbarn Marzipankartoffeln schenken,
dann wollen sie dich ganz bestimmt nicht kränken.«

KRANK

Ich hatte Frau Dr. Moormann schon längere Zeit nicht mehr gesehen. Und aus ihrem Briefkasten quoll die Post. Ich fischte sie heraus und klingelte nebenan. Es dauerte lange, bis ich innen ein Schlurfen hörte, ein Klappern mit Schlüsseln, dann wurde die Haustür aufgeschlossen. Das dauerte, denn Frau Dr. Moormann ist sehr misstrauisch. Ihr wisst ja, sie hat diese vielen Schlösser und außerdem eine Sicherheitskette an ihrer Tür. Die war jetzt auch noch davor, als die Tür einen Spalt geöffnet wurde und eine blasse, zerrupfte Frau Dr. Moormann furchtsam hinausblickte.

»Ja bitte?«, fragte sie, und ich reichte ihr durch den Spalt die Post.

»Ich mache mir Sorgen«, sagte ich. *»Ich habe Sie so lange nicht gesehen, und Ihre Post …«*

Plötzlich wurde die Kette abgenommen, die Türe ganz geöffnet, und da stand sie, in einem verwaschenen blauen Morgenrock, unter dem ein weißes, langes Nachthemd hervorschaute, die Füße in karierten Pantoffeln.

»Sie machen sich Sorgen?«, fragte sie mit zittriger Stimme.

»Ja«, sagte ich. *»Sind Sie krank?«*

Langes Schweigen. Sie nestelte ein Taschentuch aus der Tasche des Morgenrocks, schnäuzte sich und sagte:

»Um mich hat sich noch nie jemand Sorgen gemacht.«

»Aber wir sind doch Nachbarn«, sagte ich. *»Da ist es doch selbstverständlich, dass man …«*

»Nein«, unterbrach sie mich. *»Ist es nicht. Selbstverständlich ist gar nichts.«* Und sie schwankte ein wenig, sodass ich rasch nach ihrem Arm griff.

»Sie sind krank«, sagte ich, *»das sehe ich. Kommen Sie, legen Sie sich wieder hin, ich helfe Ihnen.«*

Und sie ließ mich tatsächlich hinein. Ich führte sie durch den Flur, in das Wohnzimmer und auf die Couch, wo eine Wolldecke lag. Sie setzte sich und zitterte.

»Mein Schlafzimmer ist oben«, sagte sie. *»Aber im Moment schaffe ich es nicht die Treppe hinauf.«*

»Ist doch gut so«, sagte ich. *»Hier ist es doch sehr gemütlich, legen Sie sich mal wieder hin.«*

Ich half ihr, sich auf das Sofa zu legen, und deckte sie zu. Sie schloss die Augen, und ich sah mich um. Nein, es war nicht gemütlich. Verwelkte Blumen, alles sah abgeschabt und etwas ärmlich aus, hier war schon lange nicht mehr richtig geputzt und aufgeräumt worden. Aber in den Regalen stapelten sich die Bücher. Waren das alles noch die Bücher von Dr. Fritz Moormann? Hatte sie die verwahrt? Sie sah meinen Blick auf die Regale.

»Botanik«, sagte sie. *»Lauter Botanikbücher. Ich bin Botanikerin.«*

»Aha«, sagte ich, *»deshalb können Sie alle Pflanzen im Garten sofort mit ihren lateinischen Namen benennen.«*

Sie nickte. *»Wie es der Arzt mit den Knochen kann«*, sagte sie und schloss müde die Augen.

»Sie bleiben liegen«, sagte ich. *»Und ich kaufe jetzt für Sie ein. Keine Widerrede.«*

Aber sie startete gar keine Widerrede, was sehr ungewöhnlich für sie war. Ich sagte: *»Was soll ich kaufen? Brot, Orangensaft, ein paar Äpfel, Eier?«*

Und sie sagte mit dünner Stimme: *»Ja.«*

»Soll ich einen Arzt rufen?«, fragte ich.

»Nein«, sagte sie, *»lieber nicht. Das wird schon. Ich habe Tabletten, ich habe Tee, ich inhaliere mit Kamille, Matricaria chamomilla, es ist eine Grippe, denke ich.«*

»Ich nehme Ihren Schlüssel mit«, sagte ich, *»dann müssen Sie nicht wieder aufstehen. Und jetzt kaufe ich ein bisschen was ein. Bleiben Sie einfach liegen.«*

Ich schaute in der Küche in ihren Kühlschrank, in dem fast nichts Vernünftiges mehr war, holte meine Einkaufstasche nebenan und fuhr mit dem Fahrrad los.

Und ich dachte über Frau Dr. Moormann nach und darüber, ob sie vielleicht ein ganz anderer Mensch war, als ich dachte, und ob wir nur in ziemlich verschiedenen Welten lebten, wenn ihr versteht, was ich meine. Man kann in Häusern nebeneinanderwohnen und trotzdem in verschiedenen Welten. Und um damit klarzukommen, muss man geduldig sein, geduldig und tolerant, versteht ihr? Tolerant heißt so was wie großzügig, verständnisvoll. Und vielleicht hatte ich das vergessen – aber sie auch, glaube ich, und da gibt es doch so ein Sprichwort:

»Lass den andern, wie er ist,
dann lässt er dich auch, wie du bist.«

Oder so ähnlich. Jedenfalls: Ich kaufte lauter leckere gesunde Sachen und ein paar Fertiggerichte, räumte den Kühlschrank voll und machte ihr eines der Gerichte (Hühnchen im Reisrand) auch gleich warm. Sie aß im Sitzen auf dem Sofa und sah mich dankbar an.

»Dass Sie das für mich tun«, sagte sie. *»Mein Portemonnaie ist sehr gut versteckt, wegen der Einbrecher, nicht wahr. Wenn Sie weg sind, hole ich es aus dem Versteck, und morgen gebe ich Ihnen das Geld für die Einkäufe zurück.«*

»Alles gut«, sagte ich. *»Das eilt nicht.«*

Da seht ihr mal, misstrauisch war und blieb sie, aber wer weiß schon, warum, vielleicht hatte man sie mal überfallen oder bestohlen.

Am nächsten Tag sah ich wieder nach ihr. Gustav band ich am Gartenzaun fest. Er bellte.

»Geht es etwas besser?«, fragte ich.

Und sie sagte: »*Ja, bald bin ich wieder ganz die Alte.*«

Und ich dachte: »*Oje, lieber nicht!*« Denn krank war sie doch etwas milder als sonst. Aber noch lag sie flach und machte einen wackligen Eindruck.

»*Ich kaufe Ihnen jetzt noch mehr frisches Obst*«, sagte ich. »*Ich muss nur erst Gustav rüberbringen, wir waren Gänglein machen, und er steht draußen.*«

Da sagte sie etwas ganz und gar Erstaunliches: »*Bringen Sie ihn doch herein!*«, sagte sie, und ich traute meinen Ohren nicht.

»*Gustav?*«, fragte ich vorsichtshalber. »*Den Hund, hier herein?*«

»*Warum denn nicht*«, sagte sie und sah mich an, halb streng, halb irgendwie – ja: bittend, und ich konnte es nicht fassen und holte Gustav herein. Er schnüffelte aufgeregt überall herum, und sie sah ihm zu.

»*Der Mops gilt als intelligent und freundlich*«, sagte sie, und ich nickte.

»*Ja, das ist er und auch sehr, sehr lieb. Also, ich geh dann mal.*«

Ich ermahnte Gustav, ja artig zu sein, nahm Frau Dr. Moormanns Schlüssel und zog los zum Türken, der immer das leckerste Obst und das frischeste Gemüse hatte. Ihr wisst ja:

»*Beim Türken macht das Kaufen Spaß.*
Er hat die beste Ananas!«

Beladen mit Tüten kam ich zurück und öffnete die Tür. Stille.

»Hallo?«, rief ich, und: *»Ich bin wieder da.«* Nichts.

Ich schaute ins Wohnzimmer: Keine Frau Dr. Moormann, nur unser guter alter Kimshi saß dort auf dem Sofa, und, was schrecklich war: kein Gustav! Was war hier passiert? Was hatte sie gemacht? Etwa die kurze Zeit genutzt, um Gustav wegzubringen, wohin auch immer? Ins Tierheim?

Ach, wie klopfte mein Herz vor lauter Angst! Dann hörte ich ein Geräusch von ferne, leise, aber ähnlich einer Säge. Zwei Sägen?

Ich stellte die Tüten ab und stürmte die Treppe hinauf. Vielleicht waren sie ja –

sie waren. Ich schaute ins Schlafzimmer, und da sah ich ein riesiges altes Ehe-Doppelbett.

Auf der einen Seite unter einem dicken Plumeau lag schlafend und selig lächelnd – selig lächelnd! – und leicht schnarchend Frau Dr. Moormann, und neben ihrem Kopf auf dem zweiten Kissen, auf dem wohl in früheren Zeiten mal der Kopf von Herrn Dr. Fritz Moormann gelegen hatte, lag zusammengerollt mein Gustav, schlief tief und fest und schnarchte, dass die Wände zitterten – das war das Geräusch, das ich von unten gehört hatte. Und mir fiel dazu ein Spruch ein, ich glaube, er kommt aus dem frommen Spanien:

»Möpse und auch alte Damen
Schnarchen ganz entsetzlich, Amen.«

Ich betrachtete die beiden lange. Dann schlich ich nach unten, packte die Tüten aus, stellte alles ordentlich auf den Tisch und ging sehr leise nach Hause.

Gustav fehlte mir entsetzlich, aber ich wusste, ich konnte ihn ja jederzeit holen, und im Moment war er woanders einfach wichtiger, nämlich bei Frau Dr. Moormann. Wer hätte das jemals gedacht. Ihr nicht, oder? Ich auch nicht.

SCHACHBRETTBLUME

Neulich war ich im Garten, um wieder mal ein bisschen herumzukratzen, Unkraut zu zupfen, Verwelktes abzuschneiden, na, was man eben so macht. Wisst ihr, jeder wünscht sich, glaube ich, einen Garten, aber kaum einer weiß, wie viel Arbeit so ein Garten macht. Da gibt es dauernd was zu tun, und ich hab es ja schon erzählt: Mein Garten sieht trotzdem immer irgendwie wild und unordentlich aus, und manchmal steh ich mitten drin und rufe:

»Garten! Was willst du?«

Und wisst ihr, was er dann sagt?

Nichts.

Er lässt mich einfach hängen, er sagt nie, was er will, und deshalb kriege ich ihn auch nie so richtig auf die Reihe. Weil es aber trotzdem schön ist, einen Garten zu haben, mache ich tapfer irgendwie weiter und wurschtel mich da so durch. Und denke:

»Schön ist's, wenn ein Garten spricht,
aber meiner tut das nicht.«

Warum es trotzdem schön ist? Na, hört mal. Weil da Bäume stehen, die Schatten geben. (Einer gibt sogar Pflaumen! Obwohl die oft runterfallen und dann unten matschen, Frau Dr. Moormann würde sagen: *»Man geht durch Obstsalat.«)* Und es gibt Blumen und Büsche, die blühen. Es gibt Bienen, dicke lustige Hummeln, Wespen, vor denen alle immer solche Angst haben, was aber Quatsch ist, die wollen auch bloß ihre Ruhe, und vor allem: Gustav tobt drin rum. Gustav liebt den Garten, er rennt hinter seinem Bällchen her, er bellt die Vögel an, er pinkelt auch schon mal, aber seine Häufchen, nein, die macht er hier nie. Die macht er nur auf dem Spaziergang, den wir, ihr wisst es, *Gänglein* nennen. Und natürlich habe ich immer Kacktüten dabei und mache die Häufchen sofort weg. Ich habe sehr schöne, leuchtend gelbe Kacktüten aus dem Engadin, da steht drauf: »Cacchi in sacchi«, Kacki in Sacki. Oder so ähnlich.

Jetzt erzähle ich so viel von mir und dem Garten, dabei wollte ich ganz was anderes erzählen. Frau Dr. Moormann ist wieder gesund, und seit Gustav bei ihr – ihr wisst schon, man traut sich das kaum auszusprechen, so ungewöhnlich ist es – seit also Gustav bei ihr im Bett war, ist sie netter mit ihm. Sie schreit nicht mehr über den Zaun *»Warum bellt das Tier?«*, im Gegenteil, sie ruft ihn jetzt manchmal und redet mit ihm. Ist das zu glauben?

Ich tu aber so, als ob ich das nicht höre, und neulich also, als ich wieder mal im Garten herumkratze, höre ich, wie sie zu Gustav sagt:

»Gostislav, nicht das machen.«

Ich hab mich hinter der Magnolie versteckt und hingeschielt, worum es geht und was er jetzt schon wieder nicht machen sollte.

Er stand am Zaun, sah zu ihr hoch, das Ringelschwänzchen wackelte, und er wartete ab, was sie ihm sagen wollte.

»Nicht hier pinkeln«, sagte sie. *»Das ist unsere Fritillaria meleagris.«*

Gustav verstand vielleicht Frikadellen oder Fritten oder irgendwas Leckeres, er legte das Köpfchen schief und machte: »*Wuff. Blaff.*«

»*Ja*«, sagte Frau Dr. Moormann, »*das dachte ich mir schon, dass du die nicht kennst. Fritillaria meleagris, die Schachbrettblume. Guck sie dir an.*«

Frau Dr. Moormann zeigte auf eine kleine Blume, ich konnte das hinter der Magnolie nicht so genau sehen. Aber Gustav senkte das Köpfchen und schnüffelte dort, wo sie hinzeigte.

»*Die Schachbrettblume*«, sagte sie. »*Die ist schön, die ist selten, es ist ein Wunder, dass die hier wächst, und da solltest du bitte nicht dranpinkeln. Sie bevorzugt zwar durchaus feuchte Böden, aber so ist das nicht gemeint.*«

Gustav hob, wie immer, wenn er etwas aufgeregt war, sein Bein.

»*Nein!*«, schrie Frau Dr. Moormann, »*eben nicht! Ich sagte doch soeben: So ist das nicht gemeint!*«

Und er tat das Bein wieder runter und starrte verblüfft zu ihr hoch. Sie bückte sich und redete jetzt auf Augenhöhe mit ihm durch den Drahtzaun.

»*Gostislav*«, sagte sie. »*Du musst auch mal etwas lernen. Die Schachbrettblume. Sieh sie dir an. Hast du so etwas Seltsames, so etwas Schönes je gesehen?*«

Gustav legte das Köpfchen schief, und nun hielt ich es hinter der Magnolie nicht mehr aus und ging zu den beiden.

»Frau Dr. Moormann«, sagte ich, *»hat er etwas angestellt, unser Gustav?«*

(»Unser« sagte ich, weil ich dachte, das freut sie vielleicht. Ich hab immer das Gefühl, Freude kann sie brauchen, davon hat sie, glaube ich, zu wenig.)

Ich bückte mich auch, und Frau Dr. Moormann zeigte durch den Zaun auf eine kleine lila Blume, die wie eine Glockenblume aussah, aber …

»Die ist ja kariert!«, staunte ich.

»Ja«, sagte Frau Dr. Moormann. *»Einzigartig in der Natur. Kariert wie ein Schachbrett. Fritillaria meleagris, die Schachbrettblume. Und ich finde, Gustav sollte sie nicht anpinkeln. Da sind noch mehr.«*

Sie zeigte auf einen schmalen Streifen am Zaun, auf dem tatsächlich noch ein paar dieser zarten, wunderbaren Blumen wuchsen, so ganz im Verborgenen, ich hatte sie noch nie gesehen. Karierte Blumen!

»Ein Liliengewächs«, sagte Frau Dr. Moormann. *»Man möchte es nicht glauben, aber es ist ein Liliengewächs, ein Geophyt.«*

»Geophyt?«, fragte ich. Sie kennt immer Wörter, die ich noch nie gehört habe.

»Ein Geophyt«, sagte sie, *»ist eine Pflanze, die mit unterirdischen Knospen Kälte und Trockenheit übersteht. Dieses zarte Gewächs ist sehr robust. Aber anpinkeln sollte man es auf keinen Fall.«*

»Die sind ja wunderschön«, staunte ich. *»Die hab ich noch nie gesehen, karierte Blumen! Dass es so was gibt!«*

»Das ist die Natur«, sagte Frau Dr. Moormann. *»Der ist es möglich, dergleichen hervorzubringen.«*

»Die Schachbrettblume ist kariert,
was manchen Gärtner sehr verwirrt.«

Das habe ich schon mal irgendwo gehört, ich glaube, in Neubeckum. Und mir fiel ein Film ein, in dem es eine Szene mit einem sehr alten Ehepaar beim Frühstück gibt. Der Mann klopft sein Frühstücksei auf und sagt zu seiner Frau: *»So ein Ei, das ist eigentlich immer wieder ein Wunder.«* Und die Frau sagt: *»Das Ei hat ja auch Gott gemacht und nicht so ein Dummkopf wie du, Aurelio.«*

Ich musste lachen, als ich daran nun dachte, und Frau Dr. Moormann sagte streng: *»Zum Lachen ist das nicht. Es ist hingegen sehr schön, dass diese kostbare, ungewöhnliche Pflanze hier bei Ihnen wächst, und da sie sich unter anderem auch durch Samenbildung vermehrt, wobei die Bestäubung durch Hummeln oder Bienen erfolgt, ist zu hoffen, dass sie sich auch bei mir ansiedelt. Allerdings nur, wenn Gostislav nicht weiterhin darauf besteht, sie anzupinkeln.«*

»Dann besteh halt nicht drauf, Gustav«, sagte ich. Und Gustav wackelte mit dem Schwänzchen.

»Sie entsteht aus Zwiebeln«, sagte Frau Dr. Moormann. *»Der*

Vorbesitzer hat sie wohl mal hier in den Boden gelegt, am geschützten Zaun. Sie doch bestimmt nicht.«

»Ich bestimmt nicht«, gab ich zu. *»Ich habe doch keine Ahnung von Pflanzen.«*

»Fehler«, sagte Frau Dr. Moormann und richtete sich wieder auf. *»Die Natur hat uns viel zu sagen. Ich habe in Botanik promoviert. Daher weiß ich das.«*

Auch darin hatte ich sie also unterschätzt. Sie hat sich nicht einfach den Titel ihres Ehemannes, ihres Fritz geklaut – der war, soviel ich weiß, Oberamtsgerichtsrat gewesen. Sie hatte selber einen Doktortitel. Alle Achtung.

»Was«, sagte ich und richtete mich auch wieder auf, *»was, liebe Frau Dr. Moormann, will mir die Schachbrettblume denn nun möglicherweise sagen?«*

»Nun«, sagte Frau Dr. Moormann, *»dass sie eine Lichtpflanze ist. Sie braucht Licht. Sie erträgt nur begrenzt Dunkelheit und Schatten. Wie der Mensch, nicht wahr. Etwas Licht muss schon sein. Sie kommt aus Südosteuropa, Rumänien, Serbien, in England wurde sie erst 1736 nachgewiesen. Und ich bezweifle, dass es ihr dort gefallen hat. Zu nebelig.«*

»Klarer Fall«, sagte ich.

Und Frau Dr. Moormann schob noch nach: *»Sie gehört sozusagen zu den Stinsenpflanzen.«*

»Stinsenpflanzen?«, fragte ich. Schon wieder so ein Wort.

»Stinsenpflanzen«, sagte sie, *»sind Pflanzen, die der Mensch eingeführt und dort angepflanzt hat, wo sie eigentlich nicht hin-*

gehören. So wie diese Fritillaria meleagris hier. Und das ist sehr schön, sehr überraschend. Und ich hoffe, wir haben jetzt geklärt, dass Gostislav sie nicht anpinkeln sollte.«

Sie wandte sich an Gustav, den sie hartnäckig nach wie vor Gostislav nannte.

»Haben wir das geklärt, Gostislav?«

Und Gustav machte: *»Wuff! Blaff!«*

Und seitdem gehe ich jeden Tag zum Zaun und freue mich am Anblick der Schachbrettblume. Gustav pinkelt jetzt an die Rosen, die vertragen das.

Ein südspanisches Sprichwort lautet:

»Hebt der Hund sein Hinterbein,
können's schon mal Rosen sein.«

REISE

Und dann passierte das: Mein Damian sollte als Dirigent ganz schnell für einen erkrankten Kollegen einspringen, in der Nacht war der Anruf gekommen. *»Die Moldau«* sollte er dirigieren, in Prag, wo das Stück 1875 auch uraufgeführt worden war, uraufgeführt heißt: zum allerersten Mal vor Publikum gespielt. Und stellt euch vor, der Komponist Friedrich Smetana war da schon völlig taub und hörte sein eigenes Stück nicht! Man spricht immer über den armen Beethoven, der taub geworden war, aber auch andere Musiker hatten dieses schlimme Schicksal und haben, wie Beethoven, trotzdem weiter komponiert, weil sie die Noten in ihrem Inneren hören konnten. Also, in der Nacht hieß es: Damian, du musst kommen, das Konzert ist ausverkauft, du musst einspringen, der Dirigent ist krank. Und du hast *»Die Moldau«* doch drauf.

Ja, hat er, aber er hat sie seit Jahren nicht dirigiert. *»Du musst mit«*, sagte er zu mir. *»Du musst dich um alles kümmern, ich muss lesen, Partitur lesen.«*

»Die Moldau«, müsst ihr wissen, ist kein langes Stück, es dauert nur ganze zwölf Minuten (wenn mein Damian sie dirigiert. Das kann man auch länger oder kürzer machen, aber bei ihm sind es genau zwölf Minuten). Aber es ist ein tolles Stück über einen Fluss, der Moldau heißt. Und man hört, wie die Moldau am Anfang eine leise, quirlige kleine Quelle ist, das spielen vor allem die Flöten. Dann wird im Wald am Fluss gejagt, da hört man die Hörner blasen. Es gibt eine Bauernhochzeit, da wird getanzt. Und der Fluss wird immer mächtiger und breiter und schneller und mündet schließlich nach 430 Kilometern in die Elbe. Und das alles hört man!

Der Dichter Bertolt Brecht hat ein Gedicht über die Moldau geschrieben, das beginnt so:

»Am Grunde der Moldau wandern die Steine
Es liegen drei Kaiser begraben in Prag.
Das Große bleibt groß nicht und klein nicht das Kleine.
Die Nacht hat zwölf Stunden, dann kommt schon der Tag.«

Das ist schön, oder? Da gibt es für euch eine Menge nachzudenken – warum wandern die Steine, was ist groß und bleibt nicht groß, was ist klein und bleibt nicht klein, und vor allem: Welche drei Kaiser liegen denn in Prag begraben? Das habe ich Frau Dr. Moormann gefragt, und sie wusste auch das, aber erst mal wurde wieder berichtigt:

»Dieser Bertolt Brecht«, sagte sie, *»kein schlechter Dichter, aber immer etwas ungenau. Es liegen nicht nur drei, sondern vier Kaiser in Prag, aber das passte ihm wohl nicht in sein Gedicht, und ich gebe auch zu: Drei ist auch wirklich poetisch gesehen eine magischere Zahl.«*

Und dann zählte sie sofort, ohne dass sie das irgendwo nachschlagen musste, die drei Kaiser auf – sie ist schon auch eine erstaunliche Person, diese Frau Dr. Moormann. Also, in Prag liegen Kaiser Karl IV., Kaiser Ferdinand I., Kaiser Maximilian II. und Kaiser Rudolf II.

Wollt ihr mehr über diese Kaiser wissen? Gut. Dann schreib ich das hier jetzt in einer anderen Schrift. Wer das lesen will, kann es lesen, wer nicht, kann es einfach überschlagen, so sagt es ja schon ein Sprichwort der alten Griechen:

»Der Mensch, er muss nicht alles wissen,
manch alte Sachen darf er missen.«

*

Also: Karl IV. ist schon ganz lange her, mehr als 700 Jahre, er wurde der Schöne genannt, was immer das damals bedeutete, und er starb schon mit 31 Jahren, da konnte er nicht viel anrichten.
Kaiser Ferdinand I. muss ein netter Kerl gewesen sein, außer dass er Bären jagte, das gefällt mir gar nicht. Aber er liebte auch Musik und hatte einen tollen Wahlspruch: »Fiat justitia et pereat mundus.« Frau Dr. Moormann weiß natürlich sofort, was das bedeutet: Es soll Gerechtigkeit geschehen, und gehe die Welt darüber zugrunde! Tolle Sache. Dieser Ferdinand starb zwar in Wien, aber begraben liegt er in Prag.
Nummer drei: Das war Maximilian II., Ferdinands Sohn, und der soll ordentlich Bayrisch gesprochen haben, und er hatte 15 Kinder! Sein ältester Sohn wurde der nächste Kaiser.
Das war ebenjener Rudolf II. Der Vater hätte lieber einen anderen Sohn auf dem Thron gesehen, aber er

war nun mal der Älteste. Schwermütig soll er gewesen sein, ein Einzelgänger, bisschen zu viel getrunken hat er wohl auch – und er war 18 Jahre lang mit einer spanischen Isabella verlobt, 18 Jahre! Bis sein Bruder Albrecht ihm die wegheiratete – und da soll er dann getobt haben.

*

So viel zu den Kaisern. Und, ja: Die liegen alle in Prag begraben, wo die Moldau fließt, die schon viel mitgekriegt hat, was man in der Musik alles hört.

Und nun sollte mein Damian das also dirigieren. Wir mussten ganz schnell nach Prag fliegen. Er studierte die Noten, und ich kümmerte mich um alles: den Flug, das Taxi, den gepackten Koffer mit Frack und Lackschuhen und weißem Hemd, was ein Dirigent eben so braucht, ja. Und dann.

Und dann Gustav.

Ausgerechnet jetzt war meine beste Freundin Leonie im Urlaub, Susi hat eine Allergie gegen Tierhaare, Maxi hatte ein Bein in Gips und konnte nicht laufen, und Liesel war in Aachen und musste sich um ihre alte Mama kümmern. Und Ingrid hatte diesen blöden Ku-hurt, mit dem vertrug sich Gustav einfach nicht.

Gustav konnte aber nicht mit nach Prag kommen, das war klar. Wohin bloß so rasch mit ihm? Und da fiel mir Frau Dr. Moormann ein. Ich hatte das Gefühl, sie und Gustav würden sich in letzter Zeit gut verstehen – kurzum: Ich hab sie einfach gefragt. Manchmal muss man einfach fragen. Ein Nein kann es immer geben, aber: Es gab ein Ja. Ein altes Sprichwort aus Osnabrück sagt ja schon:

»Manchmal muss man etwas wagen
Und die Leute einfach fragen.«

»Ja«, sagte sie, *»warum nicht. Sagen Sie mir, was Gostislav fressen muss und wann, lassen Sie mir bitte Tüten da für seine, na ja, Sie wissen schon, wenn man vorne was reinfüllt, kommt ja wohl auch hinten was raus. Ich kümmere mich um ihn. Ich werde mit ihm spazieren gehen. Jene besagten Gänglein mit ihm machen. Machen Sie sich keine Sorgen.«*

Da habe ich vor lauter Glück und Dankbarkeit Frau Dr. Moormann einmal ganz kurz umarmt. Sie war steif wie ein Brett, aber ich hab noch ein bisschen länger festgehalten, und auf einmal hatte ich das Gefühl: Sie wird weich, wie ein Luftballon, aus dem die Luft strömt. Sie wurde weicher, und dann machte sie sich los und sagte ganz verlegen: *»Nun ja.«*

Mehr nicht, nur: Nun ja.

Nun ja, was soll ich erzählen: Ich packte, das Taxi kam, wir fuhren los. Damian immer mit der Nase in den Noten. Und Gustav ging brav mit Leine, Näpfchen, Bällchen, Kacktüten, Belohnungskeksen, Körbchen zu Frau Dr. Moormann hinüber und machte kein Abschiedstheater. Die Bären konnten gut mal allein bleiben, ihr wisst ja, wie man in Moldawien sagt:

»Gern alleine ist der Bär,
Einsamkeit fällt ihm nicht schwer.«

In Prag angekommen musste alles zack, zack gehen, eine kurze Probe mit dem Orchester, umziehen, raus auf die Bühne, und dann lief alles tadellos. Damian war glücklich, er bekam viel Applaus. Seine *»Moldau«* war diesmal dreißig Sekunden länger als sonst nur die zwölf Minuten, und es waren innige, schöne dreißig Sekunden! Ich war stolz, und doch hatte ich, während die Moldau immer mächtiger dahinfloss, immer wieder an meinen Gustav gedacht. Es war meine erste Trennung von ihm. Und er fehlte mir entsetzlich. Und obwohl ich ihn ja schon am nächsten Tag wiedersehen würde, rief ich nach dem Konzert, als alle herumstanden und Sekt tranken, schnell bei Frau Dr. Moormann an.

»Wie geht es Ihnen?«, fragte ich. *»Wie geht es Gustav?«*

Und sie sagte:

»Gostislav geht es gut, aber ich habe einige Probleme.«

»Warum?«, fragte ich. *»Ist er nicht artig?«*

Und sie sagte:

»Das kommt darauf an, was man unter artig versteht. Wir haben zusammen eine Dokumentation auf dem Fernsehkanal 3sat gesehen. Es war eine Dokumentation über Hunde.«

»Oh«, sagte ich, *»wenn Hunde im Fernsehen sind, bellt er schon mal. Hat er zu viel gebellt?«*

»Das ist es nicht«, sagte sie.

»Was ist es dann?«, fragte ich.

»Es war eine Dokumentation darüber, dass der Hund vom Wolf abstammt.«

»Und?«, fragte ich.

»Nun ja«, sagte sie. *»Ich habe das Gefühl, dass Gostislav nun denkt, er sei ein Wolf. Er hat mich, sozusagen, komplett in der Pfote.«*

Und da wusste ich: Alles war gut, alles würde gut bleiben, und ich musste so lachen, dass mein Damian sich aus dem Kreis seiner Bewunderer löste, zu mir kam und sagte: *»Worüber lachst du?«* Und ich sagte: *»Über einen Wolf mit Ringelschwänzchen, aber das wirst du jetzt vermutlich so schnell gar nicht verstehen.«*

Übrigens darf ich seit dieser Reise nach Prag zu Frau Dr. Moormann Ilsemarie sagen. Und sie nennt mich Elke. Wir sind jetzt fast so etwas wie Freundinnen, Frau Dr. Moormann und ich. Ihr wisst ja, was man in Südfinnland schon immer sagt:

»Nichts Schöneres in diesem Leben
Kann's als gute Freunde geben.«